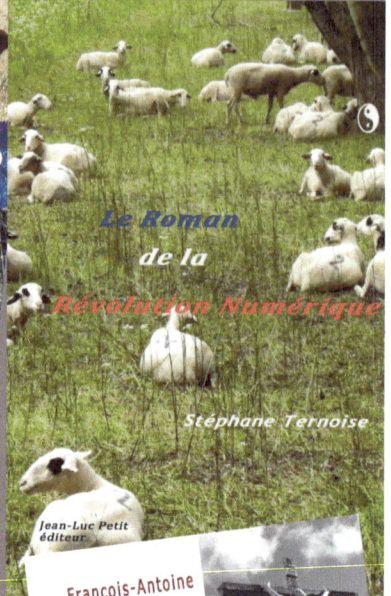

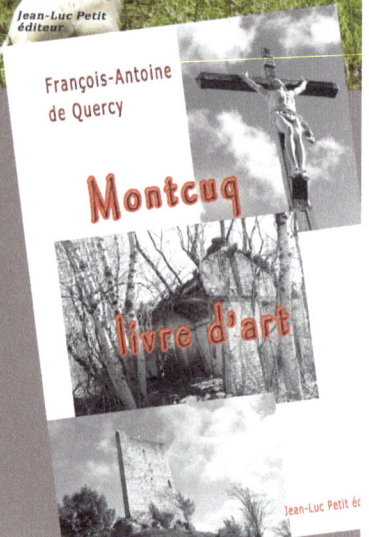

2

Le jeu des 1000 euros à Montcuq

Après Georges Brassens,
Pierre Bonte et Daniel Prévost :
Nicolas Stoufflet

Du même auteur*

Certaines œuvres sont connues sous différents titres.

Romans

Le Roman de la révolution numérique
Ils ne sont pas intervenus (Peut-être un roman autobiographique)
La Faute à Souchon
Quand les familles sans toit sont entrées dans les maisons fermées
Liberté j'ignorais tant de Toi
Viré, viré, viré, même viré du Rmi !

Théâtre

Neuf femmes et la star
Les secrets de maître Pierre, notaire de campagne
Ça magouille aux assurances
Chanteur, écrivain : même cirque
Deux sœurs et un contrôle fiscal
Amour, sud et chansons
Pourquoi est-il venu :
Aventures d'écrivains régionaux
Avant les élections présidentielles
Scènes de campagne, scènes du Quercy
Blaise Pascal serait webmaster
Trois femmes et un Amour
J'avais 25 ans
« Révélations » sur « les apparitions d'Astaffort » Brel Cabrel

Théâtre pour troupes d'enfants

La fille aux 200 doudous
Les filles en profitent
Révélations sur la disparition du père Noël
Le lion l'autruche et le renard,
Mertilou prépare l'été

Photos

Lot, livre d'art
La beauté des éoliennes
Cahors, 42 inscriptions aux Monuments Historiques

* extrait du catalogue, voir page 45

Stéphane Ternoise

Le jeu des 1000 euros à Montcuq

Après Georges Brassens,
Pierre Bonte et Daniel Prévost :
Nicolas Stoufflet

Sortie numérique : 27 février 2012

Jean-Luc Petit éditeur

L'éditeur versant lotois :

http://www.lotois.fr

Tout simplement et logiquement !

Stéphane Ternoise

Le jeu des 1000 euros à Montcuq

Monsieur le maire de Montcuq place de grands espoirs dans la diffusion, sur l'antenne de *France-Inter*, des deux émissions du *jeu des 1000 euros* enregistrées le 22 février 2012.
Il espère un buzz au moins équivalent à celui du *Petit Rapporteur 1976*, un afflux de touristes prompts à relancer l'économie locale.

Avant l'heure H de 12 heures 45 les 12 et 13 mars 2012, un ebook exclusif (depuis décliné également en papier), avec les coulisses, les présélections, la sélection des quatre candidats, les émissions et l'intervention de monsieur Guy Lagarde, sans son écharpe mais ès qualité de premier magistrat du lieu.

L'Histoire retiendra que Nicolas Stoufflet a souhaité terminer la présélection de Montcuq avec la pipe de Magritte, ce qui ne suscita aucune réaction visible dans le public.

J'étais naturellement dans la salle, reporter du Quercy : appareils photos et enregistrement par portable... regrettant que le successeur de monsieur Daniel Maury (aussi dans la salle) ne soit pas interrogé par la vedette radiophonique sur le sujet où nous attendions des éclaircissements : est-il vraiment l'oncle de Christine, la patronne

FMI ? Ou un lointain cousin ? Ou cette histoire de parenté n'est qu'une nouvelle blague montcuquoise née d'un excès d'attention sur les chevelures et quelques traits communs des deux personnages ? Même la destruction de la chapelle du XIIIe siècle fut absente de la grande cérémonie de joies et bonnes humeurs lotoises.

Stéphane Ternoise

Tout a débuté avec Georges Brassens

Localement, on semble préférer faire remonter la popularité du nom à 1976. Pourtant, en 1972, Georges Brassens, dans *La ballade des gens qui sont nés quelque part*, balançait Montcuq.

« Maudits soient ces enfants de leur mère patrie
Empalés une fois pour toutes sur leur clocher,
Qui vous montrent leurs tours, leurs musées, leur mairie,
Vous font voir du pays natal jusqu'à loucher.
Qu'ils sortent de Paris, ou de Rome, ou de Sète,
Ou du diable vauvert ou bien de Zanzibar,
Ou même de Montcuq, ils s'en flattent mazette,
Les imbéciles heureux qui sont nés quelque part »

Il serait trop facile, pour écarter la tendance locale à glorifier "les enfants du pays", d'en conclure qu'il n'avait aucun lien avec Montcuq, le grand Georges. Pardi, Georges Brassens, le sétois, il se mêle de quoi !
Alors, je vais vous narrer, dans la bande des copains sétois de Georges, un certain Désiré Janicot, auteur du roman "*le boulanger de Montcuq*."

C'était un de ses titres de gloire, au Désiré que j'aimais retrouver le dimanche derrière une table des salons du livre de la région : deux vers de « *La Femme d'Hector* » de Brassens : « *c'est pas la femme d'Honoré, pas celle de Désiré.* » Honoré et Désiré Janicot, les frères.
Désiré Janicot racontait parfois les raisons de son départ de Sète pour le Quercy, l'aventure du restaurant où s'installaient les notables de la région et sa grande bâtisse au bord de la nationale 20, à Saint-Pierre Lafeuille… il promettait une

9

autobiographie sans langue de bois, stoppée fin 2003 par un arrêt du cœur à 77 ans.

Comme je l'ai déjà noté dans un livre, j'avais rencontré monsieur Daniel Maury, en son bureau de maire, pour lui proposer l'organisation d'un salon du livre à Montcuq, en partenariat avec http://www.salondulivre.net, avançant même l'idée d'ainsi rendre hommage la première année à Georges Coulonges et la suivante à Désiré Janicot...

Montcuq n'est pas devenue célèbre en 1972 mais quatre ans plus tard, grâce à l'émission « le Petit Rapporteur » où Daniel Prévost joue plus ou moins finement avec le nom de la commune, débutant par « aujourd'hui, pour la première fois, je suis heureux de vous montrer Montcuq à la télévision. » Certes, ici, tradition de la langue d'Oc, le Q se prononce...

Le 8 avril 2007, Montcuq a essayé de réveiller cet attrait humoristique avec une « rue du Petit Rapporteur », Pierre Bonte venant même dédicacer un livre et, selon les déclarations de Nicolas Stoufflet confirmées par Guy Lagarde, le maire de la commune depuis le 15 décembre 2008, la tentative d'obtenir le jeu des 1000 euros est ancienne.

22 février 2012 vers 17 heures 45

Impossible de louper la banderole du jeu des 1000 euros.

Bien en évidence aussi à l'*Espace Animation*, salle phare de Montcuq où se déroulent les enregistrements. *Radio-France* roule en... Pour le jour J et l'heure H, collez le nez sur la petite affiche.

Le Jeu des 1000€

animé par
Nicolas STOUFFLET

le MERCREDI 22 Fév. 2012

lieu Salle d'Animations MONTCUQ

Sélection des candidats
et enregistrement à 18 h

le JEU des 1000€
est diffusé
du lundi au vendredi à 12h45

france
inter

entrée libre

Nicolas Stoufflet et Yann Pailleret sur scène quand j'arrive.

La salle se remplit tout doucement... Malgré le réflexe brélien de parfois signer « le vieux », quelques décennies me séparent sûrement encore de l'âge moyen des spectateurs.

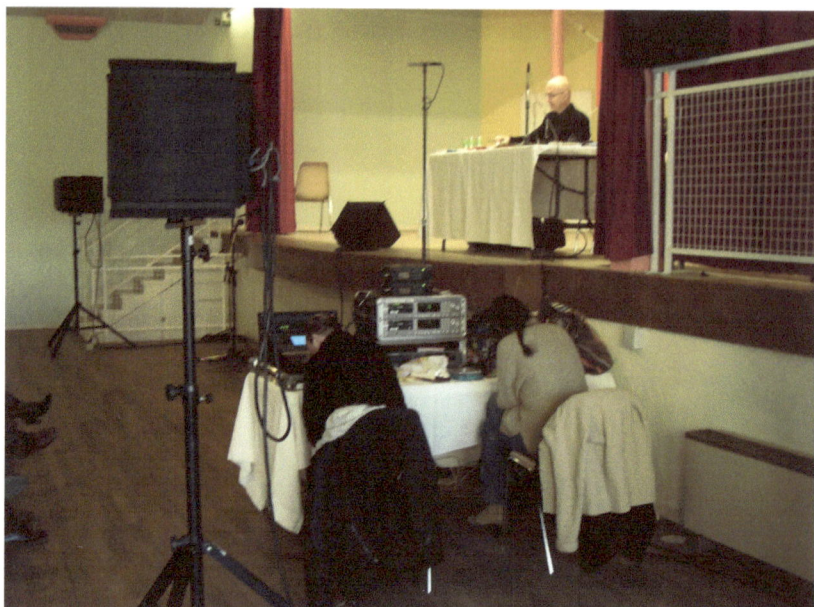

Equipement technique léger pour cette émission.

Présélections

Peu après 18 heures, Nicolas Stoufflet au micro :

« Une vraie institution... depuis plus de 50 ans... 53 ans... jeu itinérant... deux émissions... lundi 12 mars et mardi 13 mars... la France rurale... procéder à la sélection... un moment de plaisir... un jeu... sélection quatre personnes... deux émissions... Lot et Garonne... demain Arcambal puis Tarn-et-Garonne Parisot et Montauban… »

Appel aux candidats. Des dizaines de mains levées. Finalement une soixantaine de pieds monteront sur scène.

14 questions de présélection qui permettront finalement de conserver 14 candidats.

1) Le nom de la première année en classe préparatoire de littérature ?...
Hypokhâgne.

« *Mise en jambe...* » plusieurs bonnes réponses, aucun sélectionné.

2) Comment a-t-on appelé l'exode espagnol en France ?
La rétirada (rétirade)
La première candidate retenue.

3) Premier prix Nobel de Littérature ?
Sully Prudhomme le français en 1901. Deux sélectionnés.

4) Architecte de l'opéra de Pékin ?
Paul Andreu. Un sélectionné avec la réponse Paul Andrieu.

5) Le film « *La Guerre des Rose* ». Qui interprète madame Rose ?
Kathleen Turner.

6) Que fait la chouette ?
Elle hulule... Non : elle chuinte.
La réponse "elle vole" ne fut pas acceptée.

7) Le musée du costume de scène ?
À Moulins dans l'Allier.

8) Polygone à 11 angles ?
Hendécagone.

9) « *Le Bruit des glaçons* », un film réalisé par ?
Bertrand Blier.

10) Dans quelle opérette trouve-t-on l'air « *De-ci, de-là, cahin-caha* » ?
Véronique.

11) Qui a écrit la pièce « Hedda Gabler » ?
Henrik Ibsen.

12) Que mesure l'échelle de Scoville ?
La force des piments.

13) Dans quelle ville se situe le tombeau de Guillaume le Conquérant ?
Caen.

14) Qui a peint « La Trahison des images » ?
Magritte. Il s'agit de la pipe et la légende : « *Ceci n'est pas une pipe.* »

On retiendra donc que Nicolas Stoufflet a souhaité terminer la présélection de Montcuq avec la pipe de Magritte. Aucune réaction dans le public d'environ trois cents cerveaux disponibles. Même l'ancien maire, monsieur Daniel Maury, toujours Conseiller Général et président de la communauté de communes de Montcuq, n'a pas relevé l'humour Stouffletin. Je le sais, il s'était installé deux chaises devant moi. Ni embrassade ni accolade. Rachida Dati aurait sûrement été plus amicale. Vous ne voyez pas le rapport entre Rachida et Daniel ? Il n'en existe peut-être pas ! Mais l'ancienne garde des Sceaux s'est imposée à mon esprit. Je ne l'ai pourtant jamais rencontrée. Dans ce cas-là, je laisse… peut-être une lectrice réussira à expliquer le fonctionnement de mon cerveau errant du côté de la théoricienne de l'inflation alors que je m'exprimais sur monsieur l'ancien éminent sportif local et la pipe de Magritte.

Pour la majorité des candidats, le rêve est terminé, c'est la redescente de l'escalier.

Ceci n'est pas
M. Daniel Maury.

Sélections

La sélection. Aux 14 présélectionnés, en débutant par la femme à l'extrême gauche jusqu'à l'extrême droite, comme furent placés les candidats suivant leur rang de présélection.

N S toujours aux questions, avec la même voix que sur *France-Inter* !

1) Le nom du boulevard du front de mer à la Havane à Cuba ?
Ni boulevard de la Révolution, ni Fidel Castro, mais le Malecon.
Pour avoir proposé "*le boulevard de Malacone*" la candidate (troisième rang) repérée par Nicolas comme essayant en vain d'être sélectionnée dans la région, ne gagnera pas encore sa place à

l'émission. Nicolas lui demandera d'épeler mais LA lui sera fatal. Elle a fourni un bel indice à la femme du cinquième rang qui prononce correctement « Malecon » et entre dans la petite Histoire de Montcuq.

2) Qui a peint la voûte de la galerie des Glaces ?
Au cinquième rang, la femme à laquelle NS pose la question est sélectionnée en répondant spontanément Charles Le Brun.

3) Il est turc, il est l'auteur du roman *le Musée de l'innocence* ?
Il ne s'agit ni d'Ismail Kadare ni d'Amin Maalouf. Les douze derniers candidats ont la parole mais aucun ne propose Orhan Pamuk.

4) Compositeur brésilien mort en 1959, auteur de *Bachianas brasileiras n° 5 ?*
Quelqu'un connaissait Villa-Lobos ! Heitor de son prénom.
Ce fut même le candidat au départ en septième rang auquel fut posée la question, qui ne laissa à personne la chance d'obtenir son ticket d'antenne.
Candidat caché par NS sur le cliché... mais il se rattrapera.

5) Quel est le nom actuel officiel de La Birmanie ?
Son jeune voisin conclue immédiatement avec : *le Myanmar*.

Dix redescentes d'escalier... « vous allez m'en vouloir, madame... mais demain à Arcambal » ; NS s'adresse à la candidate « *malacone.* »

Emission du 12 mars 2012

Pause d'une dizaine de minutes où, en off, Nicolas S. s'intéresse aux candidats.

Les répétitions : *"bonjour Nicolas"* pour les candidats, *"banco banco banco"* pour les spectateurs (« *j'ai l'impression que le public n'y croit pas !* ») et *"super super super"* mais aussi le métallophone de Yann Pailleret.

Le premier enregistrement, l'émission à diffuser le 12 mars 2012. Avec Danielle et Nicolas comme candidats.

Mais avant, Nicolas Stoufflet narre Montcuq « *oui on prononce bien la dernière lettre* », il n'ajoute pas le Q, embraye sur le *Petit Rapporteur... Prévost... 1400 habitants... le Quercy blanc... tuiles romanes... lavande... églises romanes, chambres d'hôtes, le lac de Saint Sernin à cinq kilomètre du village* (cinq kilomètres ? Du centre ?) *le donjon du Moyen Âge emblème de Montcuq, restauré, l'exposition "historique"* (les guillemets sont de

l'auteur)... *99 marches... esplanade Nino Ferrer...
Nino Ferrer qui avait choisi le Quercy blanc*
(chanteur, compositeur et peintre selon NS)...
comme le chantait Nico "on dirait le sud"...

L'emblème... Oui, la restauration de la tour est
enfin une réalité. Mais avant il fallut montrer le
traitement auquel ce patrimoine succombait tout
doucement. http://www.montcuq.info balançait à
sa une le royaume des pigeons, le pays de la
fiente.

Danielle, montcuquoise depuis 3 ans, en appartement, solitaire et marcheuse, familière du GR65 (chemin de St-Jacques de Compostelle), aime le cinéma en DVD.

Nicolas, à Montcuq depuis 19 ans, depuis sa naissance, étudiant à Toulouse en physique Chimie, aime le théâtre, le cinéma (les frères Cœn), danse le rock et la salsa.

Et c'est parti pour les questions multicolores...

1) Question bleue. Côté gauche et droit lorsqu'on est sur un plateau de théâtre dos au public ?
Côté jardin. Côté court. Gauche et droite. Applaudissements.

2) Question bleue. Quelle est la particularité de Rochefourchat dans la Drôme ?
La commune la moins peuplée de France.

Nicolas S. précise : un habitant. Et il n'y habiterait pas à plein temps.

Internet permet de confirmer qu'un seul habitant fut recensé en 2009. L'Office de Tourisme de la Vallée de la Roanne prétend qu'aucun n'y habite en permanence.

Néanmoins la commune (une résidence principale et six résidences secondaires) compte 18 électeurs et un conseil municipal de 9 élus.

3) Question bleue. Quelle fonction permet la mise au point automatique de la netteté d'une image sur les appareils photos.

Malgré un retour sur la question, les candidats chuteront sur cet auto-focus.

4) Question blanche. Une forme de ciseaux en V ou U, qui sculptent le bois. Malgré les chuchotements du public "*une gouge*", il manquera également cette réponse aux candidats.

5) Question blanche. Auteur du 15e-16e, né à Rotterdam, il a écrit *l'éloge de la Folie ?*
Érasme.

6) Question rouge. Comment appelle-t-on la prise de vue, au cinéma, de bas en haut ?
La contre-plongée.

N S : *Je suppose que les frères Fargo... les frères Coen... utilisent aussi cette technique.*

Ne cherchons pas trop loin les origines de ce lapsus... *Fargo* est un film des frères Coen, d'ailleurs cité par NS lors de la présentation de Nicolas le candidat.

Bloqués lors du retour aux deux questions en suspens, les candidats ne peuvent accéder au Banco.

105 euros + DVD gagnés. Exit rêve de « *super super super.* »

Une émission de plus dans la boîte pour Nicolas qui a sûrement soufflé à de nombreux candidats la succession sûrement recherchée de Louis Bozon, et impose son style depuis le 1er septembre 2008, seulement huitième présentateur d'une émission créée en 1958 sous le nom de « *100 000 francs par jour.* »

Emission du 13 mars 2012

Petite pause et place à Gabrielle et Jean-Louis.

La première a choisi la région à l'époque de son mariage. Vivant à sa proximité, elle permet de revenir sur l'église de Rouillac (classée Monument Historique) et enchaîne sur l'Association *Points d'eau* (rénovation de fontaines et lavoirs), citant le nom de son responsable, qui en sera sûrement ravi, mais sans oser ou souhaiter balancer le dossier chaud de ce début d'année, la destruction en toute légalité d'une chapelle du XIIIe siècle (certes transformée en grange depuis des décennies), faute de classement ou même d'instauration de permis de démolir dans la commune.

Son partenaire du jeu a quitté Montcuq pour Cahors depuis un an, où il s'adonne au théâtre (*théâtre de travers* à Pradines et une nouvelle troupe *ni queue ni tête*) durant sa retraite, après 15 année ès tapissier décorateur local, qui lui permirent de bien connaître monsieur Guy Lagarde, qui lui donnera du terme "ami" quand viendra son tour de monter sur la scène.

"*Vous vous occupiez des fauteuils pour Montcuq bien entendu*" figurera peut-être un jour dans le best-off de NS.

Et c'est parti pour le deuxième show de Nicolas Stoufflet : 1400 habitants, *des anglais, des hollandais ou des marocains aussi des français d'origine anglaise, hollandaise ou marocaine...* où veut-il en venir ? Il s'en sort en signalant qu'il existe *une librairie anglaise... le Monopoly* (dont

5000 exemplaires de l'édition locale se seraient vendus)... *vin coteaux du Quercy et Cahors... pommes... melons pruneaux, tournesol, colza, céréales, canard, le marché du dimanche matin, le marché des producteurs de pays en été le jeudi matin, le festival de la chanson à texte* (je pourrais placer un commentaire...), *septembre rue des enfants... le GR65...*

Vues du sommet de la tour (un dimanche de marché) :

Le sommet de la tour de Montcuq offre une vue lointaine toujours très agréable.

1) Question bleue. Etre allongé sur le côté, en formant un S ?
En chien de fusil.

2) Question bleue venue de Cult, nom de la commune épelée. Où est situé un Parc urbain avec réservoir ?
A New-York : central park.

3) Question bleue. Qui sont les parents de Chiara Mastroianni ?
Catherine Deneuve et Marcello Mastroianni.
Quelle idée de prénommer un enfant Chiara ? Avez-vous déjà enlacé madame Di Chiara à Montcuq ?

4) Question blanche. Le romancier prix Goncourt 88 avec *exposition coloniale* ?
Erik Orsenna.

5) Question blanche. Le titre du film américain de 1978, qui raconte le calvaire dans les prisons turques d'un touriste arrêté en possession de drogue ?

Après la descente dans la salle de NS, *Midnight Express* fut dévoilé à l'antenne par Adrien, d'Anglar-Julliard, qui a gagné un Monopoly de Montcuq... Mais non : un sac à dos *France-Inter*.
Les candidats, même en leur précisant réalisé par Alan Parker, avec Brad Davis, lors du retour, ont donné leur langue au chat de Montcuq (Mirza, paraît-il).

6) Question rouge. Trois titres de films de Luis Buñuel ?
- Un chien andalou
- Los Olvidados.

Aide de Nicolas : *un autre avec Catherine Deneuve qui jouait le rôle d'une bourgeoise qui s'encanaille...* ("*qui s'envoie en l'air*" résume Jean-Louis ; « *vous dites les choses telles qu'elles sont en fait, avec vos mots à vous* » selon NS) mais il faudra un retour pour fournir le troisième titre :
Le journal d'une femme de chambre (après *journal* soufflé par NS).

Banco Banco Banco Banco, scande, bien entraîné, le public.

Repêchage.

La musique de l'élément sonore (oui, ce livre est sans musique) :
- Jazz ?
- Musique psychédélique ?
- Reggae ?

Musique psychédélique que ce morceau des Pink Floyd.

Question banco : quelle était la devise de Socrate (http://www.socrate.info est à réaliser), dans les textes de Platon, inscrite au fronton du temple d'Apolon à Delphes ?
Connais-toi toi-même.

Partir avec 500 euros ou tenter le super banco ?

Super Super Super Super scande bien sage le public. Gabrielle et Jean-Louis y vont.

Le pont d'Oresund, ouvert à la circulation en l'an 2000 entre le Danemark et la Suède, relie en 35 minutes deux villes.
Lesquelles ? Un pont tunnel et ferroviaire.

Copenhague est bien l'une des deux... une demie bonne réponse. Mais Gabrielle et Jean-Louis hésitent sur l'arrivée suédoise...

Gabrielle et Jean-Louis proposent Göteborg plutôt que Malmœ comme point suédois.

45 euros pour l'auditeur ayant envoyé la question. Baladeur numérique MP3 + DVD seulement pour les héros locaux.

Demain, le 23 Février 2012, pour Nicolas et les autres, ce sera Arcambal, juste après Cahors, à trente-cinq kilomètres, avec cette fois un enregistrement « jeunes » également. Le lendemain Parisot (Tarn-et-Garonne) et le 25 Montauban.

Suite...

Monsieur le maire est prié de monter sur scène. Le moment que toute la salle attendait ? Quelle grande déclaration fracassante à quelques semaines des présidentielles ? L'occasion d'un grand discours sur la Culture ?

Il offre un cadeau à l'animateur... qui n'en semble pas ravi ! Il aurait peut-être préféré foie gras et vin, plutôt qu'un livre, certes sur Montcuq, certes à faible tirage donc au prix de revente sur Internet supérieur à 90 centimes. Non, il ne revend pas les cadeaux ? Il possède une grande maison et une résidence secondaire ?

Monsieur le maire revient sur *le Petit Rapporteur* (j'ignore s'il figurait déjà au conseil municipal en 1976)... Il escompte des retombées touristiques... Faut vous dire, lectrice, lecteur, que chez ces gens-là... on... compte, oui.

Bref, des paroles classiques de maire, sans même un mot sur une certaine Christine Lagarde, dont la coupe n'est pas sans rappeler « tonton Guy. »

Bref, Montcuq, son Petit Rapporteur, son Monopoly, son Nino Ferrer, et désormais son jeu des 1000 euros. Nettement suffisant pour la culture d'une bourgade de 1400 habitants dont le nom suffit amplement pour le versant humour ! Ne venez pas nous embêter avec votre sketch « *est-ce que monsieur le maire de Montcuq roule en Ford Focus ?* »

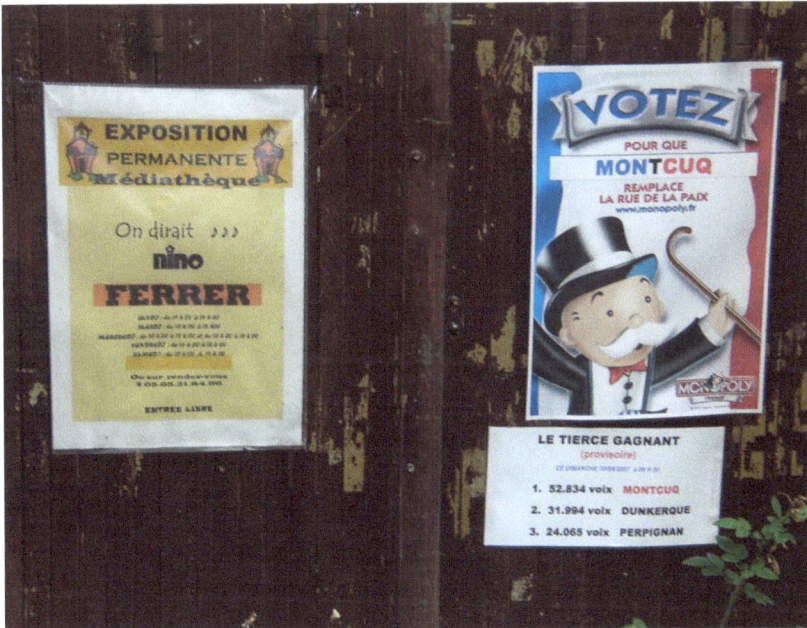

Nino Ferrer et le Monopoly sur une même porte.

Le Monopoly... En septembre 2007, Hasbro, l'éditeur du Monopoly, décida de lancer une édition « villes de France », essayant de créer un buzz en proposant aux internautes le droit de vote des 22 cases des rues. Soutenez votre ville ! J'ai des difficultés à croire que chez Aspro, euh Hasbro, personne n'avait misé sur la possibilité d'un défoulement propice à une grande publicité gratuite de la marque.

Montcuq arriva en tête mais Hasbro préférera consacrer Dunkerque, montrer ce que vaut un règlement face aux bénéfices escomptés. Ce qui permit une petite polémique propice à une grande publicité gratuite de la marque. La société, magnanime, fabriqua 5000 jeux 100% Montcuq, une édition spéciale... dont le prix de vente flirtait avec les cinquante euros ! (fin 2011, le centre Leclerc de Cahors, en écoula dans son offre 70% du prix de vente remboursé en bons d'achats)

La carte postale « Montcuq, c'est pas du Monopoly » n'a pas connu le même succès. Mais elle n'est pas épuisée et figure en page d'accueil de http://www.montcuq.pro, le versant PRO du web à Montcuq (encore un projet qui manque cruellement d'heures de travail !).

La voiture du maire de Montcuq

Régulièrement, vous me demandez des nouvelles de Montcuq. Les potins de Montcuq. Le maire de Montcuq intéresse nettement plus que ses confrères aux qualités similaires.
Certains prétendent que le maire de Montcul roule en Ford. En Ford faux-cul.
Même si la rumeur était vraie, il conviendrait de prononcer correctement les finales : le maire de Montcuq roule en Ford focus.
Montcuq rimant avec nuque et focus avec cactus. Et Fabius naturellement... qui tous les deux riment avec...

Bref... Nul ne nous empêchera pas de préférer la première prononciation.
Mais aussi, de pousser un cri digne de Brigitte Bardot, CUL (très aigu), pour dénoncer cette tendance à rire d'un citoyen peut-être aussi honnête qu'un autre, du maire de moncul alors qu'à ce jour peu de personnes rient des conductrices et conducteurs de la Ford faux-cul. Il y a là une injustice. Montcuq et Focus doivent être égaux devant le rire ! Le maire d'une bourgade qui n'a pas choisi son nom ne doit pas être stigmatisé plus qu'une société qui a choisi d'appeler un de ses modèles Focus ! On ne sait même pas si c'est pour faire rire que Ford a offert cette voiture au maire ou s'il l'a achetée avec ses indemnités de maire, conseiller général, président de la communauté de communes, président de x conseils d'administrations ? On ne sait même pas si tout ceci est vrai !

Rions des deux, puisque nous ne pouvons nous empêcher de rire du maire de Montcuq.

D'ailleurs les maires passent et Montcuq ne s'écarte pas du trio des villages les plus risibles...

Auteur

Né en 1968, il publie depuis 1991, d'abord sous son nom de naissance puis sous divers pseudonymes, éditeur indépendant depuis son premier livre.

Dès 2004, il a proposé des livres numériques, en PDF. Mais c'est en 2011 seulement que les ventes dématérialisées ont démarré. Son catalogue numérique (depuis mi 2011 distribué par *Immateriel*) a ainsi rapidement dépassé celui du papier, grâce à des essais, des livres de photos... tout en continuant la lente écriture dans les domaines du théâtre et du roman. Depuis octobre 2013, et son « identifiant fiscal aux États-Unis », son catalogue papier tend à rattraper celui en pixels.

Il convient donc de nouveau d'aborder l'auteur sous le biais de l'œuvre. Ainsi, pour vous y retrouver, http://www.ecrivain.pro essaye de fournir une vue globale. Et chaque domaine bénéficie de sites au nom approprié :
http://www.romancier.org
http://www.parolier.org

http://www.essayiste.net

http://www.dramaturge.fr
http://www.lotois.fr

Vous pouvez légitimement vous demander pourquoi un auteur avec un tel catalogue ne bénéficie d'aucune visibilité dans les médias traditionnels. L'écriture est une chose, se faire des amis utiles une autre !

Catalogue

Romans : (http://www.romancier.org)

Le Roman de la révolution numérique également sous le titre *Un Amour béton*

Ils ne sont pas intervenus (le livre des conséquences) également sous le titre *Peut-être un roman autobiographique*

La Faute à Souchon ? également sous le titre *Le roman du show-biz et de la sagesse (Même les dolmens se brisent)*

Liberté, j'ignorais tant de Toi également sous le titre *Libertés d'avant l'an 2000*

Viré, viré, viré, même viré du Rmi

Quand les familles sans toit sont entrées dans les maisons fermées

Edition (http://www.auto-edition.com)

Le guide de l'auto-édition, papier et numérique

Le manifeste de l'auto-édition - Manifeste politico-littéraire pour la reconnaissance des écrivains indépendants et une saine concurrence entre les différentes formes d'édition

Écrivains, réveillez-vous ! - La loi 2012-287 du 1er mars 2012 et autres somnifères

Le livre numérique, fils de l'auto-édition

Réponses à monsieur Frédéric Beigbeder au sujet du Livre Numérique (Écrivains= moutons tondus ?)

Comment devenir écrivain ? Être écrivain ? (Écrire est-ce un vrai métier ? Une vocation ? Quelle formation ?...)

Copie privée, droit de prêt en bibliothèque : vous payez, nous ne touchons pas un centime - Quand la France organise la marginalisation des écrivains indépendants

Alertez Jack-Alain Léger !

Théâtre : (http://www.dramaturge.fr)
La baguette magique et les philosophes
Neuf femmes et la star
Avant les élections présidentielles
Les secrets de maître Pierre, notaire de campagne
Deux sœurs et un contrôle fiscal
Ça magouille aux assurances
Pourquoi est-il venu ?
Amour, sud et chansons
Blaise Pascal serait webmaster
Aventures d'écrivains régionaux
Trois femmes et un amour
Chanteur, écrivain : même cirque
« Révélations » sur « les apparitions d'Astaffort » Brel /
Cabrel (les secrets de la grotte Mariette)
J'avais 25 ans

Pour troupes d'enfants :
Les filles en profitent
Révélations sur la disparition du père Noël
Le lion l'autruche et le renard
Mertilou prépare l'été
Nous n'irons plus au restaurant

Recueils :
Théâtre peut-être complet
La fille aux 200 doudous et autres pièces de théâtre
pour enfants
Théâtre pour femmes

Chansons : (http://www.parolier.info)
Chansons trop éloignées des normes industrielles
Chansons vertes et autres textes engagés
Parodies de chansons - De Renaud à Cabrel En passant
par Cloclo et Jacques Brel
Chansons d'avant l'an 2000
Vivre Autrement (après les ruines), l'album invisible...

Photos : (http://www.france.wf)

Cahors, 42 inscriptions aux Monuments Historiques

La disparition d'un canton : Montcuq

Montcuq, le village lotois

Cahors, des pierres et des hommes. Photos et commentaires

Limogne-en-Quercy Calvignac la route des dolmens et gariottes

Saint-Cirq-Lapopie, le plus beau village de France ?

Saillac village du Lot

Limogne-en-Quercy cinq monuments historiques cinq dolmens

Beauregard, Dolmens Gariottes Château de Marsa et autres merveilles lotoises

Villeneuve-sur-Lot, des monuments historiques, un salon du livre... -Photos, histoires et opinions

Henri Martin du musée Henri-Martin de Cahors - Avec visite de Labastide-du-Vert et Saint-Cirq-Lapopie sur les traces du peintre

L'église romane de Rouillac à Montcuq et sa voisine oubliée, à découvrir - Les fresques de Rouillac, Touffailles et Saint-Félix

Cajarc selon Ternoise

Livres d'artiste (http://www.quercy.pro)

Quercy : l'harmonie du hasard

Lot, livre d'art

Montcuq, livre d'art

Quercy Blanc, livre d'art

Cahors, livre d'art

Quercy : l'harmonie du hasard

La beauté des éoliennes

Golfech, c'est beau un village prospère à l'ombre d'une centrale nucléaire

Jésus, du Quercy

Essais (http://www.essayiste.net)

Ya basta Aurélie Filippetti !

Amour - état du sentiment et perspectives

Contrairement à Gérard Depardieu, dois-je quitter la France ?

Cahors, municipales 2014 : un enjeu départemental majeur

Quand Martin Malvy publie un livre : questions de déontologie

Politique : (http://www.commentaire.info)

Ce François Hollande qui peut encore gagner le 6 mai 2012 ne le mérite pas (Un Parti Socialiste non réformé au pays du quinquennat déplorable de Nicolas Sarkozy)

Nicolas Sarkozy : sketchs et Parodies de chansons

Bernadette et Jacques Chirac vus du Lot - Chansons théâtre textes lotois

Affaire Ségolène Royal - Olivier Falorni Ce qu'il faut en retenir pour l'Histoire - Un écrivain engagé, un observateur indépendant

François Fillon, persuadé qu'il aurait battu François Hollande en 2012, qu'il le battra en 2017

Notre vie (http://www.morts.info)

La trahison des morts : les concessions à perpétuité discrètement récupérées - Cahors, à l'ombre des remparts médiévaux, les vieux morts doivent laisser la place aux jeunes...

Cahors : Adèle et Marie Borie contre Jean-Marc Vayssouze-Faure - Appel à une mobilisation locale et nationale pour sauver les soeurs Borie...

Jeux de société

http://www.lejeudespistescyclables.com

La France des pistes cyclables - Fabriquer un jeu de société pour enfants de 8 à 108 ans

Le bon chemin pour Saint-Jacques-de-Compostelle

Divers :

La disparition du père Noël et autres contes
J'écris aussi des sketchs
Vive les poules municipales... et les poulets municipaux
- Réduire le volume des déchets alimentaires et manger des oeufs de qualité
Le Martyr et Saint du 11 septembre : Jean-Gabriel Perboyre

En chti : (http://www.chti.es)

Canchons et cafougnettes (Ternoise chti)
Elle tiote aux deux chints doudous (théâtre)

Œuvres traduites (http://www.traducteurs.net)

La fille aux 200 doudous :
- *The Teddy (Bear) Whisperer* (Kate-Marie Glover)
- Das Mädchen mit den 200 Schmusetieren (Jeanne Meurtin)

- Le lion l'autruche et le renard :
- How the fox got his cunning (Kate-Marie Glover)

- Mertilou prépare l'été :
- The Blackbird's Secret (Kate-Marie Glover)

- *La fille aux 200 doudous et autres pièces de théâtre pour enfants (les 6 pièces)*
- La niña de los 200 peluches y otras obras de teatro para niños (María del Carmen Pulido Cortijo)

Chansons - CDs : (http://www.chansons.org)

Vivre Autrement (après les ruines)
Savoirs
CD Sarkozy selon Ternoise (parodies de chansons, 2006)

Le jeu des 1000 euros
à Montcuq

Mentions légales

Tous droits de traduction, de reproduction, d'utilisation, d'interprétation et d'adaptation réservés pour tous pays, pour toutes planètes, pour tous univers.

Site officiel : http://www.ecrivain.pro

Présentation des livres essentiels : http://www.utopie.pro

Dépôt légal à la publication au format ebook du 27 février 2012.

Imprimé par CreateSpace, An Amazon.com Company pour le compte de l'auteur-éditeur indépendant **livrepapier.com.**

ISBN 978-2-36541-612-2
EAN 9782365416122

Le jeu des 1000 euros à Montcuq
(Après Georges Brassens, Pierre Bonte et Daniel Prévost : Nicolas Stoufflet) de **Stéphane Ternoise.**
© **Jean-Luc PETIT - BP 17 - 46800 Montcuq - France**

www.ingramcontent.com/pod-product-compliance
Lightning Source LLC
Chambersburg PA
CBHW041215270326
41930CB00001B/29